Rene Schreiber

Die Miao

Lektorat: Kurt Wallner

Covergestaltung: Rene Schreiber

Veröffentlicht über Kindle Direct Publishing

© 2019 Rene Schreiber

Inhalt

Vorwort

In diesem Buch stelle ich Ihnen das indigene chinesische Volk der Miao vor. Außerhalb Chinas nennt sich diese Volksgruppe Hmong oder Meo. Insgesamt zählt man zu dieser Volksgruppe rund 15 Millionen Menschen weltweit.

Ich möchte mich auf die Miao in China spezialisieren und Ihnen deren Geschichte, Sprache, Kultur und Religion näherbringen.

Die Geschichte der Miao

Die Miao dürfte es seit 4000 Jahren geben, sie werden seit 2000 Jahren in den schriftlichen Aufzeichnungen der chinesischen Chroniken erwähnt.

Die Han-Chinesen waren und sind Nachbarn der Miao. Die Han bildeten schon vor 3000 mehrere Staaten und die Bevölkerung wuchs rasant. Diese führte dazu, dass die Miao nach Süden in die Bergregion verdrängt wurden.

Die Han wurden zur Hauptgruppe im chinesischen Staat. Die Miao und andere Ethnien wurden zu Minderheiten. Währen der Qing Dynastie gab es Aufstände der Miao gegen den Staat, diese wurden blutig niedergeschlagen.

Während der Republikszeit 1911-1949 wurde das Land im Bürgerkrieg zwischen Kommunisten und Nationalisten bzw. zwischen der chinesischen und japanischen Armee verwüstet.

Erst mit der Gründung der Volksrepublik China wurden alle Minderheiten gleichberechtigt in der chinesischen Gesellschaft.

Sprachen der Miao

Die Sprachen der Miao bilden diverse Sprachen und Dialekt, die untereinander nicht verstanden werden. Es gehören zum Beispiel Qiandong-Miao, Qo Xiong (Xong/Xiangxi-Miao), Diandongbi-Miao und Hmong (Chunqiandian-Miao) dazu.

Die Klassifizierung

Die Sprachen der Miao gehören zur übergeordneten Sprachgruppe der Hmong-Mien- bzw. Miao-Yao-Sprachen. Die Chinesen zählen diese Sprachgruppe zu den sinotibetischen Sprachen. In der Volksrepublik China werden auch noch Menschen hinzugerechnet die nicht ethnische Miao sind. Menschen die Dong bzw. Gaeml, Yao oder A-Hmao sprechen werden dadurch als Miao angesehen.

Schrift

Die erste Miao Schrift wurde von Shi Bantang auf Basis der chinesischen Zeichen erschaffen. Ein weiterer Miao Vertreter namens Shi Qigui vereinfachte die Schriftsprache. Beide Erfinder sprachen einen Dialekt aus West-Hunan. Ein dritter Vertreter war Long Shaohua. Dieser schrieb Lehrbücher für die Miao Volksgruppe.

Mit dem Eintreffen von christlichen Missionaren aus Europa und Nordamerika wurden diverse Schriften eingeführt. Samuel Pollard und Yang Yage verschriftlichten 1905 die Miao Sprache. Durch diese Verschriftlichung, welche immer wieder Reformen unterworfen war, konnte 1936 das Neue Testament in A-Hmao (Pollard-Miao) veröffentlicht werden. Etwa 250.000 Miao beherrschten diese Schriftsprache und so veröffentlichte die Katholische Kirche Chinas erneut eine überarbeitete Variante des Neuen Testaments in Pollard-Miao.

Nicht nur in China entstand eine Schrift für die Miao, sondern auch in Laos. Dort hatten zwei Missionare fast zeitgleich verschiedene Schriften entworfen. Die beiden Systeme wurden durch Sprachwissenschaftler vereinheitlicht und sind als Roman Popular Alphabet bekannt.

Eine weitere schwierigere Schrift entstandt im Norden Laos nahe der Grenze zu Vietnam. Shong Lue Yang brachte das Pahawh Hmog 1959 heraus. Dieses komplexe System setze sich jedoch nicht durch.

Zurück nach China: Dort wurden nach der Gründung der Volksrepublik drei verschiedene Schriftsprachen, Xiangxi-Miao, Qiandong-Miao, Chuanqiandian-Maio (Hmog), auf Basis der Lateinischen Schrift eingeführt. Diese Schriftsprachen werden von den Miao kaum verwendet und die politischen Kampagnen von Mao hatten katastrophale Auswirkungen für die Miao. Erst mit dem Antritt von Deng Xiaoping konnten die eigenen Sprachen wieder zur Gänze genutzt werden.

Mit dem neuen wirtschaftlichen System wurde der Unterricht in der eigenen Sprache wenig gefördert. Auch Verlage sind nicht interessiert, Publikationen in Sprachen der Minderheiten zu drucken, da der Markt und der Absatz für den Gewinn nicht gegeben sind.

Durch das Fernsehen, Internet und die gesamte Vernetzung der Jugend werden die Sprachen der Minderheiten zurückgedrängt.

Weiteren tieferen Einblick finden Sie im Buch Ernst Kausen: Hmong-Mien-Sprachen. In: Die Sprachfamilien der Welt. Teil 1: Europa und Asien. Buske (Hamburg 2013, ISBN 978-3-87548-655-1).

Lebensart

Die Miao sind in der Regel in der Landwirtschaft tätig und leben in sogenannten Pfahlhäuser. Diese ziehen sich entlang der Berghänge und meist lebt darin die Großfamilie samt Ihren Haustieren.

Die Reisterrassen bilden breite Ringe um die Berghänge und die Miao bearbeiten das Land wie in grauer Vorzeit mit Wasserbüffel.

Mit dem Zuzug der Han-Chinesen kommen Schritt für Schritt der technische Fortschritt und die Moderne. Es wurde die Elektrizität eingeführt und Schulen gebaut und so das Leben der Ethnie etwas verbessert. Jedoch schätzt man, dass die Moderne auch das Alte langsam verdrängen wird.

Traditioneller Tanz

Über die Jahrhunderte spaltete sich die homogene ethnische Volksgruppe der Miao in mehr als einhundert Untergruppen auf, jede mit ihren eigenen besonderen Bräuchen und ihrer eigenen traditionellen Kleidung sowie ihrem besonderen Tanzstil. Die Miao haben beispielsweise mehr als zehn verschiedene Trommeltanzstile.

Gestickte Kostüme und kunstvoller Silberschmuck sind auffällige Charakteristika als Bestandteil der Kleidung, die während der ethnischen Tänze der Hmong getragen wird. In der Miao-Kultur steht silbernes Dekor für einen hohen sozialen Rang und symbolisiert auch Reichtum und Glück. Des Weiteren besitzt es die Kraft, das

Böse oder Schlechte abzuwehren.

Die Miao-Frauen dekorieren sich selbst mit kunstvollem silbernem Kopfschmuck, Halsketten und Armreifen. Sie sind dadurch von Kopf bis Fuß mit Glocken und Amuletten behängt, die bei den leichtesten Bewegungen schwingen und klingen. Die Tänzerinnen bewegen sich zu den begleitenden Trommelschlägen und das starke Rhythmusgefühl erhöht die Geschwindigkeit.

Die Kraft des Tanzes erzeugt eine frohlockende Stimmung. Diese Vereinigung von Bewegung und Melodie ist das Signet des Volkstanzes der Miao.

Die Miao betrachten großen, schweren und ausschweifenden Schmuck als Ausdruck des wirtschaftlichen Status und des Ansehens der Sippe. So setzen die Tänze der Miao Bewegungen ein, die die Fülle an Schmuck durch die Glockenklänge voll zur Geltung bringen.

Große Mengen von schwerem Silber können eine Person niederdrücken und die Miao-Tanzstile haben sich dem angepasst. Frei baumelnde Hände und Hüften sind ein häufiges Thema, sowie auch das Anheben des Oberschenkels als erstes, um dann die Bewegung des Unterschenkels in Gang zu setzen.
Andere häufige Bewegungen lassen Drehungen, Klatschen, Überkreuzen der Hände und Füße, Schwingen des Kopfes und der Hüften, sowie kleine Sprung-Stoß-Bewegungen einfließen. Typische Tanzkombinationen wiederholen sich und wechseln sich mit den Hauptbewegungen ab. Bei komplexen und sehr schnellen Tänzen

werden die Faltenröcke der Frauen in diverse Formen ausgebreitet. Jede Tanzkombination ist aufgefüllt mit der lebensfrohen Energie, die für den Miao-Tanz so charakteristisch ist.

Trachten

Die traditionellen Trachten sind einmalig. Die Kleidung und der Kopfschmuck und die Gewänder für die diversen Feste sind fein gearbeitet und sehr aufwendig. Die Motive auf der Festtagskleidung sind meist Drachen, Fische, Vögel, Blumen, Szenen aus der Geschichte oder einer Legende und vieles mehr. Dabei ist die enge Verbundenheit mit der Natur ersichtlich und auch die Harmonie im Zusammenleben zwischen Mensch und Natur.

Gefertigt werden die Kleider aus Leinenstoff mit der eigenen Hand. Man kann mehr als hundertdreißig verschiedene Muster entdecken und zu jedem Muster gibt es den passenden Schuck.

Bei der Bekleidung kann man erkennen ob eine Frau verheiratet oder ledig ist. Unverheiratete junge Mädchen sind in Blau gekleidet und die älteren Frauen tragen schwarze Kleider mit einem weißen oder blauen Gürtel. In manchen anderen Gegenden tragen die Frauen kurze Röcke. Die Haare werden mit einem farbigen Tuch zu einen großen Turban gebunden.

Das männliche Geschlecht trägt auf seinem Kopf einen großen Bambushut oder einen Hut mit einem schwarzen Tuch.

Feste und Lieder

Die mannigfaltigen Feste sind immer noch ein wertvoller Teil im Leben der Miao. Die Wichtigkeit von Gesang und Tanz zeigt sich alleine schon an ihren über 15.000 überlieferten Liedern. Die diversen Miao-Gemeinschaften haben auch ihre eigenen Feste. Es gibt das „Drachenbootfest" zu dem sich am Qingshuijiang Fluss viele Gäste einfinden. Dann gibt es noch das „Fest der Verehrung des Wasserbüffels" und das „Fest des Frühlings und der Blumen", die manches Mal in verschiedenen Jahreszyklen gefeiert werden.

Eines der schönsten Feste ist das „Fest der Blumen und Berge". Es wird am sechsten Tag des sechsten Monats nach dem Lunakalender von allen Miao in der Provinz gefeiert. Der Legende nach waren die Miao früher ein sehr ängstliches Volk und in Sorge um ihr Leben im Hier und Jetzt, aber auch um ihre Zukunft. Bis nach der Überlieferung an einem sechsten des sechsten Monats einmal ein Vorfahre aus dem Jenseits auftauchte und sie beruhigte. Daraufhin tanzten die Miao um einen Baum und gaben damit ihrer Freude Ausdruck. Als aus heiterem Himmel eine Blume auf genau denselben Baum fiel, war ihre Freude noch größer und der Tanz verwandelte sich in ein Freudenfest, das sie seit diesem Zeitpunkt alljährlich gemeinsam zelebrieren.

Religion

Die Miao verehren verschiedene Gottheiten und die Vorfahren ihres Volkes. Im Laufe ihrer Geschichte wurden Elemente aus dem Daoimus hinzugefügt. Dennoch legen sie strengsten Wert auf die Harmonie mit der Natur.

Die höchste Gottheit ist Saub oder auch Yawm genannt. Er gibt den Schamanen ihre Fähigkeiten und darf auch in Zeiten der größten Not gerufen werden. Die Gottheiten der kosmischen Natur werden Dab genannt. Nicht zu verwechseln mit den schamanische Geistern Dab Need oder Qhua Neeb. Sie schweben durch die Welten und helfen den Schamanen. Es gibt wilde und zahme Geister sowie freundliche Hausgeister.

Es gibt auch die Xwm Kab. Sie sind die Geister aus der Welt der Vorfahren. Im Haus selbst befindet sich meist ein Altar und es werden dem Gott Dab Xwm Kab (Gott des Glücks) Gaben geopfert. Es wird zum Beispiel Huhn, Reis oder Suppe angeboten.

Am letzten Tag des Jahres huldigt man den Ahnen und reicht ihnen Reis und ein Huhn. Der größte Teil der Miao blieben ihrer traditionellen Religion verhaftet, nur wenige traten zum Buddhismus über. Jene Miao, die in andere Länder auswanderten, sind auch zum Christentum übergetreten.

Nachwort

In der Volksrepublik China gibt es über neunzig ethnische Gruppen und 56 Ethnien sind als Minderheit anerkannt. Vor der Gründung der Volksrepublik China (1949) waren die Minderheiten Bürger zweiter Klasse, denn die Kaiser setzen ihre Macht auf die Hauptgruppe der Han-Chinesen.

Trotz der Gleichstellung von Minderheiten wird durch die Moderne in der Form von Fernsehen, Internet und Smartphones die alte Sprache der indigenen Minderheiten und deren Verschriftlichung durch die chinesische Sprache ersetzt. Wer in China Karriere machen möchte, muss sich ins System einfügen und dazu zählt, dass man Mandarin und Englisch spricht.

Dennoch lassen sich viele Miao nicht in die Moderne hinein drängen und praktizieren weiterhin ihre alte Religion und pflegen beherzt Ihre vielfältige Tradition.

Wie lange die Miao oder andere Minderheiten ihre Sprache, Kultur, Feste und Religion so weiterführen können, kann man heute nicht sagen. Jedoch wird die Jugend wie in Europa immer mehr mit den neuen Technologien konfrontiert und dadurch kommt die Globalisierung, und mit Ihr eine Vereinheitlichung vieler Bereiche, näher als man sich das vielleicht wünscht, da dadurch die Eigenheiten und speziellen Traditionen von Minderheiten verloren zu gehen drohen.

Falls Sie sich für die Bräuche und Geschichte von indigenen Minderheiten interessieren, kann ich Ihnen auch meine beiden Werke über die Maori und den Samen sehr ans Herz legen. Details dazu finden Sie auf der nachfolgenden Seite am Ende dieses Buchs.

Alle weiteren Werke finden Sie unter https://books-schreiber.webnode.at/

Weitere meiner Werke

Rene Schreiber, Die Maori,
ISBN: 9781792980152

Rene Schreiber, Das urbane China,
ISBN: 9781799043928

Rene Schreiber, Ma'anshan,
ISBN: 9781798706848

Rene Schreiber, Täufertum in Tirol,
ISBN: 9783640502622

Rene Schreiber, Schlesien im Mittelalter,
ISBN: 9783640522354

Rene Schreiber, Chinesische Feste,
ISBN: 9781090345561

Rene Schreiber, Alexander Dubcek,
ISBN: 9781794088382

Rene Schreiber, Sport und Medien in der
VR China, ISBN 9781091172326

Rene Schreiber, Beijing,
ISBN: 9781798707708

Rene Schreiber: Sowjetisch-
Österreichische Beziehungen 1918-
1938,
ISBN: 9783640718818

Alle weiteren Werke finden Sie unter
https://books-schreiber.webnode.at/